核兵器の誕生のころに誕生したある人の回想物語

（なぜあの時代に核兵器を誕生させたのだろうか）

竹内迪男
TAKEUCHI Michio

文芸社

序

持続可能な人間社会を願ってこの物語を書いてみた。

どんなに科学が発達して生産力が向上しても、人間は幸福になれないと人類史から学んだからである。

人類は第一次、第二次世界大戦のころからジェノサイド（皆殺し）という方式で戦争をするようになり、さらに核兵器の製造、強大化の研究を進め、もはや全生命絶滅も可能な段階まで到達してしまったと考えるからだ。

それから、現代史を中心とした歴史的事実を記録しておこうと思ったからである。

目次

第一話　現代史の思想の底流について
（実存主義、マルクス主義を中心として）

ニーチェの思想はヒトラーにも強く影響した。——生命体は弱肉強食である——とニーチェもヒトラーも考えた。

私はダーウィンの『種の起源』(一八五九年)が生物の進化を突き止めたことが、人間中心への世界観を方向づけたように思えてならない。すなわち人間は神の創造物ではなく、自然の創造物だということである。しかも環境に適応して変化していくもので、いわゆる進化論を展開した。

一方、生命体は弱肉強食でありこれが本質で、強者が弱者を支配することは理にかなったことである。それが当然のことであると考える人もいた。ニーチェや彼の思想に強く影響されたヒトラーなどがそういう立場の人である。資本主義が自由競争から独占へと向かう時代に、この考え方は資本家階級にとっては大変都合のよいものだった。

他方で労働者階級にとっては、マルクス、エンゲルスの『共産党宣言』、マルクスの『資本論』(第一巻)(一八六七年)が、搾取されている労働者階級の解放を主張して社会的影響力を強めていった。人間が人間疎外の状況にあると分析し、資本主義社会から社会主義社会への変革を求めたのである。

労働者階級が機械の部品のように扱われ、長時間労働で貧困に追いやられて人間らしい生活ができない存在におとしめられていると認識し、「人間を取り戻せ」と強調したのだった。そして人間の存在の在り方を社会的存在とし、人間の社会環境がさまざまな人間の意識を生み出していく土台であるとした。

人間の生産活動、生活があって人間の生命維持活動があり、さまざまな人間の意識が形成される。マルクスはこう言う。

「哲学者たちは世界をただиздさまざまに解釈してきただけである。肝腎なのはそれを変えることである」

人間を自然の中の社会的、歴史的、実践的存在としてとらえるべきであるとしている。

人間社会の持続に必要な労働の担い手である労働者に注目し「労働日」を分析してみると、それは「必要労働」と「剰余労働」からなっている。「必要労働」とは労働者の生活資料などを生産するのに必要な労働部分であり、これを超えて行われる労働部分が「剰余労働」である。「剰余労働」部分が資本家の利潤を生み出す部分である。

そして資本主義社会においては、自由競争によって利潤を追求する資本家は労働者を搾取しているとみるマルクスは、労働者階級が人間疎外の状況にあるとして労働者階級の解放を主張した。

マルクスとエンゲルスの『共産党宣言』にはこうある。

「労働者は機械のたんなる付属物となる」

「ブルジョア階級が生存し、支配するためのもっとも根本的な条件は私人の手中への富の集積すなわち資本の形成と増殖である。資本の条件は賃労働である」

「諸君はわれわれが私的所有を廃止しようとしているというので、びっくり仰天する。だが、諸君のこの現在の社会では、社会の成員の十分の九にとって、私的所有はすでに廃止ずみである。私的所有が存在しているのは、まさに十分の九の人間にとってそれが存在しないからである。だから、諸君は、社会の絶大な多数者の無所有を必要条件として前提するような所有を、われわれが廃止しようとしているといって非難しているわけである」

「万国のプロレタリア団結せよ！」で終わっている『共産党宣言』は、世界の労働運動に大きな影響を与えた。

また、マルクスは一八六四年、「第一インターナショナル」（国際労働者協会）を設立し、その創立宣言を起草するなど、実践的活動を展開した。そして、一八七一年には、「パリ・コミューン」という世界最初の労働者の政権が誕生した。

レーニンはマルクスやエンゲルスの思想を研究し、パリ・コミューンの経験の研究から学び、一九一七年のロシア革命の実現へと向かう。

資本主義社会の中で労働者階級は人間疎外の状況にあり、これを解放する方向が社会主義革命であるとみるマルクスやエンゲルスは、実践的に労働運動を支持することになった。

彼らの方法論である「弁証法的唯物論」の考え方が『資本論』の中で述べられている。

「私の弁証法的方法は、根本的にヘーゲルのものとは違っているだけでなく、それとは正反対なものである」

「ヘーゲルにとっては、彼が理念という名のもとに一つの独立な主体にさえ転化させている思考過程が現実的なものの創造者なのであって、現実的なものはただその外的現象をなしているだけなのである。私にあっては、これとは反対に、観念的なものは、物質的なものが人間の頭のなかで転換され翻訳されたものにほかならないのである」とマルクスは述べている。

人間の生命あって、人間の脳あってさまざまな意識、思考ありなので逆ではない。そして労働あって生命ありということになり、労働する人間こそ社会の基礎である。このようにマルクスはとらえたのである。

マルクス主義は生きている人間、社会的、歴史的、実践的人間存在の在り方を追求し、自然科学的な方法論によって現代社会にも大きな影響を与える思想潮流となった。

――金がますますものをいう資本主義社会の中で、人間はいつでも取り替えられる機械の部品のような存在になり、自己の主体的自由を喪失する人間疎外の状況に直面することになった。

一八四八年に『共産党宣言』が出版されたころ、実存主義の先駆者とされるキルケゴールがデンマークで『死にいたる病』という著作を発表している（一八四九年）。

キルケゴールは、実存を「単独者」と呼び、単独者として主体的に選択をして自己にとっての真理をつかみとれと言う。

『死にいたる病』の中でこう言う。

「――くりかえしていうが、彼に信ずる意志があるかいなかということである。だがそれでは、それこそ全く公式通り『正気を失う』ことになりはしまいか？　しかり！　信ずるというのは実に神を獲得するために、正気を失うことにほかならない」

キルケゴールは真理は客観的、合理的ではなく、個別的、主体的であるとする。「主体性が真理であり、主体性が現実である」と主張する。

要するに非合理主義の立場であり、理性の哲学ではないことが強調される。人間を社会から切り離された「単独者」として主体的に信じることで、神を獲得するために正気を失うことによって人間回復を追求したように思われる。

パッペンハイムは『近代人の疎外』という著作の中でこのように言っている。「実存哲学の核心は、人間の疎外を表現している点にある。それは人間に負わされている疎外からの活路を示すものではない」

人間解放の社会的方向性が欠けているように思う。不安や孤独の表現が多く強くにじみ出ているように感じないだろうか。

キルケゴールとともに、ドイツのニーチェは実存哲学の先駆者とされている。ニーチェ（一八四四年～一九〇〇年）の生きた時代は、資本主義が独占段階へと向かった時代であった。帝国主義へと移行していったのである。

彼の思想は、彼が存在していた時代に生まれたヒトラー（一八八九年～一九四五年）に大きく影響していった。

「神は死んだ」と宣告したニーチェは、ニヒリズムの時代に入ったとみた。ヨーロッパ文化の伝統でもあったキリスト教を否定して価値観の転換をはかろうとした。社会主義をキリスト教と同じように奴隷道徳を説く立場に立つとみて否定する。

『権力への意志』という著作の中で「所有」についてこう言う。

「……所有し、さらにより以上所有しようと欲すること、一言をもってすれば生長――これこそが生自身である。社会主義の教えの陰から『生の否定への意志』

がのぞいている。そうした教えを考えだすのは、出来のわるい人間や種族であるにちがいない。……」

このようなニーチェの主張は、独占段階の資本主義にとってはピッタリの論法である。

「……『神』は一つのあまりにも極端にすぎる仮説である。……」

「生とは権力への意志である。……」

と言い、十九世紀をこう表現している。

「……十九世紀における人間の自然化……自然とは言いかえれば、自然のごとくあえて非道徳的であることである」

そしてニヒリズムについてこう表現している。

「……これまでの人類の全理想主義は、まさにニヒリズムへと一変しようとしている。――絶対的無価値性、言いかえれば絶対的無意味性によせる信仰へと」

「すべてのものは偽である！　すべてのものは許されている！」

と、これらの考え方は、ヒトラーの行動様式に通じるものがあるように思われる。ヒトラーはナチズムという〝信仰〟をドイツ人に与えようとしたのではないだろうか。ヒトラーの人間観には、ニーチェのいう「権力への意志」という考え方が基礎になっているように思われる。

ニーチェは言う。

「……人間の本性は悪であるということは、私の慰めである。このことが力を保証する！」

「この世界は権力への意志である――そしてそれ以外の何ものでもない！　しかもまた君たち自身がこの権力への意志であり――そしてそれ以外の何ものでもないのである！」

「……およそ生があるところにだけ、意志もある。しかし、それは生への意志ではなくて――わたしは君に教える――力への意志である。……」

ニーチェの生の哲学は、世界の本質を非合理的なものとみる。

そして主意説を展開していく。この主意説はファシズムの思想にとって都合のよいものである。すべてのものがゆるされるからである。どのような意志も可能であり、ゆるされるのである。意志の向かう方向はどんな方向でも、原理的にはゆるされるのである。

この非合理主義の自由がファシズムの意志を可能にし、独占資本主義の危機的状況を背景にファシズムの潮流を生み出していったように思う。ニーチェの思想を分析して、そのように私は確信した。

第二話　ロシア革命は現代史の原動力

（現代史の底流のロシア革命の影響）

十九世紀中期から二十世紀中期までの時代背景を考察する。

一七八九年のフランス革命によって近代市民社会が確立されていったとされる。その社会は資本主義社会である。産業革命も進展し、資本主義が確立していった。

一八四八年にはフランスで二月革命が起こり、社会主義は現実の政治問題としても登場する。同年にマルクスとエンゲルスによって『共産党宣言』が表明され、労働運動も活発化していった。

一八七一年にはフランスでパリ・コミューンが成立し、世界最初の労働者の政権が誕生した。

十九世紀末から二十世紀初めにかけて、資本主義は帝国主義へと移行していった。すなわち資本主義の独占的段階へと移行していったのである。自由競争から独占への転化が進み、銀行資本と産業資本との融合が進み、いわゆる金融資本の支配が進行していった。

より多くの利潤を得ようとして資本の輸出が活発化し、植民地を獲得しようとして帝国主義諸国の競争が激化していった。アメリカ、イギリス、フランス、ドイツ、ロシア、日本などは資本主義の独占的段階へと移行し、帝国主義が深化していった。

そして帝国主義諸国の世界分割が進行し、大規模な武力衝突へと向かった。一九〇四年の日露戦争は日露の帝国主義戦争であるが、英、米、仏、独もこの帝国主義戦争に深く加担している。こうした動きは一九一四年の第一次世界大戦へと向かった。

ドイツとイギリスの世界政策の対立を軸として、帝国主義諸国は自国の独占資本が追い求める支配地の拡大をねらって、世界的な規模で帝国主義戦争を展開していった。

戦争に疲弊したロシアの民衆の中から、労働者と農民の協力組織であるソビエトに権力を集中して革命を求める動きが増大し、一九一七年のロシア革命が推進されていった。ソビエトは、「人民から遊離した軍隊と警察を人民の直接的武装によって置き換えたパリ・コミューン型の権力」（レーニン）であると位置づけられていく。

こうしてパリ・コミューンの試みは一九一七年のロシア革命へと受け継がれていった。

ソビエト政府は「無併合、無賠償、民族自決、秘密外交の排斥」などの平和提案をしたが、第一次世界大戦の交戦諸国は拒否していった。

アメリカ大統領ウィルソンは、ソビエト政府の原則に対抗して、ロシア革命の示した原則を利用した、いわゆる「ウィルソンの十四か条平和原則」を示した。

ロシア革命の影響を受けて、ドイツ国内には講和と民主化を要求する声が高まった。一九一八年にはドイツ革命が起き、皇帝は亡命し、ドイツは共和国となり、ドイツ帝国は崩壊した。ドイツ各地には労働者と兵士のレーテ（評議会）がつくられた。

こうして第一次世界大戦はドイツ革命によって終わることになった。ロシア革命、ドイツ革命は、結果としてロシア帝国の崩壊、ドイツ帝国の崩壊となり、第一次世界大戦は持続不可能となり、ロシア革命とドイツ革命の歴史の流れは第一次世界大戦を終結へと向かわせたのである。

第一次世界大戦後に成立した「ベルサイユ体制」では、レーニンが「『略奪者』の会議」と名付けたように、さまざまな取り引きがなされた。民族自決主義はアジア、アフリカなどの戦勝国植民地の領土において拒否され、植民地の民族自決の動きは抑圧された。

ベルサイユ条約の中で、日本はドイツが山東省で持っていた権益を受け継いだ。そこで一九一九年五月四日、中国ではベルサイユ条約反対の主張が強まり、中国社会の変革を求める反封建、反帝国主義の民衆の運動が進展していった。

中国の民衆は、ベルサイユの講和会議は帝国主義諸国の取り引きが行われただけであるとし、帝国主義諸国は信用できないと実感した。

インドでは民族運動を抑圧しようとする一九一九年の「ローラット法」に反対する運動が強まっていった。

第一次世界大戦中にイギリスは、パレスチナのアラビア人に独立の約束を与え（一九一五年「マクマホン宣言」）、一方ではユダヤ人のパレスチナ復帰運動をも支持した（一九一七年「バルフォア宣言」）。つまり、シオニズム運動を支持したのである。

この二つの矛盾する約束により、戦後、国際連盟がユダヤ人国家の建設を援助すると、これを機として両民族の抗争が激化し、パレスチナ問題が起こった。アラビア人が生活していた土地が、ユダヤ人によって略奪される状態が進行した。これが今日の中東のさまざまな問題の起源的できごとである。

パレスチナは国際連盟の名のもとに、イギリスの委任統治領になっていた所である。旧ドイツ、トルコ領植民地は、国際連盟の「委任統治」の名のもとに支配された。これは実際上は強国による帝国主義的植民地分割の新しい形態であった。

また、ベルサイユ体制はソビエト政権に対立する体制でもあった。対ソ干渉戦争と並行してベルサイユ体制は成立していったのである。

日本とアメリカとのシベリア出兵は一九一八年四月に行われ、この干渉戦争は一九二〇年まで続けられた。日本は米、英、伊、仏などと共同出兵という名目で大量の出兵をした。ソビエト政権は「勝利か死か」のスローガンで対ソ干渉戦争を戦うことになった。最後に撤兵したのは一九二二年十月の日本軍であった。

このように帝国主義諸国は、ロシア革命の波及の防止に力を入れたのであった。アメリカの独占資本は、ドイツのコンツェルンとのカルテル関係を拡大した。ドイツは巨額のアメリカ借款を受け取り、これがドイツの軍需産業の潜在力の復興を促進した。

アメリカの支配層は、ベルサイユ条約の領土、政治、軍事条項の再検討を求めるドイツの報復主義者の要求に強い支持を与えた。アメリカの資本は鉄鋼トラストの王であるクルップ（ドイツ最大の兵器産業体でもある）に無制限に金を貸し、ヒトラーにその一部が献金として流れた。

このようにアメリカはドイツの独占資本を支え、ロシア革命、ドイツ革命後のドイツの資本主義の崩壊を防止しようとした。一九二四年の「ドーズ案」はドイツの社会主義革命化を恐れたアメリカの経済援助の面を持つ。一九二五年にはヒトラーの『わが闘争』が完成している。

ベルサイユ体制下でこのようなことが進行していったのである。アメリカの独占資本がヒトラー内閣の成立を後押ししたような歴史的流れを感じる。

ドイツでは一九一九年八月十一日のドイツ国憲法（いわゆる「ワイマール憲法」）が、第一次世界大戦に敗北し、共和制となったことによって成立した。

ロシアの社会主義革命に対抗するために、労働者階級に妥協する部分も登場した。国民の生存権や労働基本権などを保障することによって、資本家と労働者の協調をはかろうとした。国民の生存保障をするために、国家の義務として社会権（生存権）を資本主義国家の中に登場させることによって、ロシア革命の影響に対抗する動きが社会民主党を中心に推進されていった。

ワイマール憲法の第四十八条には、大統領は非常の場合「一時憲法に定められた基本的権利の全部または一部を廃止することができる」という「非常権力の行使」規定があり、のちにナチスの独裁をゆるし、一九三三年、授権法（全権委任法）によってワイマール憲法は事実上廃止された。

憲法を改正したわけではないのである。いつの時代も非常事態であるとして、行政府が議会を無視して権力を執行することは極めて危険である。ナチスはワイマール憲法を残したまま、非常事態という口実で独裁を開始することができたのである。

ドイツ帝国は崩壊したが、軍部、官僚組織、独占資本は残存し、ワイマール共和国のもとでこれらの勢力は結合し、ドイツの社会主義革命化を抑えて、ヒトラーのナチス政権を育成していった。

一九一七年のロシア革命は、第一次世界大戦の終結、世界各地の民族独立運動、労働運動、平等を求める社会運動、社会主義をめざす政治運動と幅広くその後の世界の歴史に大きな影響を与えることになった。

だから独占資本主義国家は、常にソビエト政権を崩壊させようと、あの手この手を使って、政治的、経済的、軍事的、思想的にさまざまな努力をしていった。

日本では一九一七年のロシア革命による民衆運動の高まりにどのように対応したのだろうか。

一九一八年（大正七年）八月、米騒動が始まり、参加者は百万人を超えたといわれる。一九二一年（大正十年）、日本労働総同盟（最大の全国的労働組合）成立、一九二二年（大正十一年）には日本農民組合結成、全国水平社の成立、日本共産党の結成などがあり、一九二五年（大正十四年）四月には治安維持法が成立。これは国体の変革すなわち天皇制の否定、私有財産制度の否認を目的とする結社の参加者、援助者を処罰するための法律である。

同年五月には普通選挙法（二十五歳以上の男子）成立となり、アメとムチの政策が展開されることになった。

　こうして政府は平等を求める民衆運動の波に対抗していった。

　一九二九年にアメリカで始まった経済恐慌は世界経済恐慌となり、アメリカがドイツに投入していた資本の引き揚げを始めたため、ドイツの経済は破綻に瀕《ひん》した。このような状況の中で、ドイツのファシズムは拡大していった。

　イギリスは一九三二年にカナダのオタワでイギリス連邦経済会議を開き、自治領およびインドと協定を結び（オタワ協定）、ブロック経済の確立をはかった。深まる恐慌によって自由放任、自由競争を原理とする自由主義経済制度が、もはや資本主義的秩序を支えきれなくなった。

　そこで国家が経済生活に対する介入・統制役割を増大させて、資本主義体制を支えようとした。

　ドイツの全体主義は、恐慌を契機に大きく成長していった。ブロック間の対立も深まり、軍備拡張によって恐慌からぬけだす方向をめざす動きも強まった。世界経済恐慌を契機として、第二次世界大戦への流れが急速に強まりだした。

一九三三年にフランクリン・ルーズベルトが大統領に就任し、恐慌対策にのりだしたアメリカは、「ニューディール政策」を実施することになった。

その中心になったのは、全国産業復興法（N・I・R・A）と農業調整法（A・A・A）で、前者は生産の制限、賃金の引き上げ、失業者の救済などを、後者は農産物の作付け制限、価格の引き上げなどを目的とし、いずれも国民の購買力を増大させて危機の克服をはかろうとするものであった。

自由放任の資本主義の破綻から、経済に対する国家の積極的介入による修正資本主義へと向かった。資本主義の危機に際して、国家財政による資本へのてこ入れが進み、国家と独占資本の癒着が進行して、いわゆる国家独占資本主義の時代となるのである。

国家権力と独占資本の一体化、経済への国家の介入による独占資本主義の維持という流れが進行していった。これが現代の資本主義の基本的なスタイルとなっていく。

ルーズベルトは失業者がなかなか減少しないことを嘆いたが、第二次世界大戦開始による軍需産業の増大によって急速に失業者は吸収され、生産も一九二九年の水準をようやく超えることができたのである。

しかし、一九三七年初めにルーズベルトは、「いまだ七百万人の失業者がいる」と言明している。

一九三八年一月、ルーズベルトは大規模な海軍建造計画を提唱し、軍事支出の増加による不況の克服に着手した。アメリカ経済にとって重要なのは経済の軍事化であり、それにともなう政府支出の増加と大企業化の促進だった。

この政策の効果はただちにあらわれた。景気は一九三八年半ば以後、再び上昇に向かい、恐慌は準戦事体制の建設のなかで、初めて解消する兆しをみせた。軍事支出がアメリカの経済社会を支えるという構造が構築されて、今日の軍事・産業複合体へと向かい、アメリカは世界最大の軍事大国となっていった。

一九二九年以降の世界恐慌のドイツへの波及が、ナチスの大衆運動の発展に大きな影響を与えた。工業生産指数は一九二九年水準を一〇〇として、恐慌がもっとも深刻化した一九三二年には五十九・八パーセントまで落ち、失業者数は同じ年に六百万人台に達し、組織労働者についても、その四割を超す完全失業者が出た。このような状況の中でヒトラーが登場し、一九三三年にはヒトラー内閣の成立となった。

一方、日本も世界的大恐慌の波にのみこまれ、満州侵略へと向かう。一九三一年（昭和六年）、いわゆる満州事変の開始である。

松岡洋右の「満蒙問題は、我が国の生命線である」ということばは、日本の侵略的意図を示している。日本の植民地である朝鮮半島、そして隣接する満州、さらにはソ連への攻撃へと向かう歴史の流れが開始された。

中国分割をした帝国主義諸国は、日本が中国の革命運動をおさえ、ソ連に対決していくことを期待して、日本の満州侵略に宥和《ゆうわ》的で、厳しく対抗しようとはしなかった。

世界恐慌の深みから、まず日本が武力侵略という方式で打開をはかろうとした流れは、イタリアのエチオピア侵略（一九三五年十月）、一九三六年のナチス・ドイツのラインランド進駐と、軍を動員する動きが強まっていく。

エチオピア侵略を機としてイタリアとドイツは急速に接近し、一九三六年、両国に「ベルリン―ローマ枢軸」と呼ばれる協力関係が成立した。一方、この年、「日独防共協定」が成立し、翌年にはイタリアが加入するなど、ファシズム諸国の結合は、しだいに強化されていった。

スペインでは、一九三六年の総選挙の結果、左翼勢力を中心とする人民戦線内閣が成立した。これを不満としたフランコ将軍ら右翼勢力は、この年モロッコで反乱を起こし、激しい内乱に発展した。

ドイツ、イタリアは義勇軍を送って積極的にフランコを支持し、ソ連は政府を支持したが、一方、イギリス、フランスは不干渉政策を続けた。

ヒトラー、ムッソリーニのフランコに対する援助はますます強化され、フランコは首都マドリードを占領して勝利した（一九三九年三月）。フランコはファランへ党によるファシズム体制を強化していたので、ファシズム側の勝利となり、第二次世界大戦の序幕となった。フランコ政権はまもなくイギリス、フランス、アメリカなどの承認を受けた。

バスク地方のゲルニカ市は、ドイツ空軍によってさんたんたる爆撃を受けた。ピカソは『ゲルニカ』をえがいてその非道を世界に訴えた。マドリードの陥落から一九四二年までに二百万人が投獄された。このようにしてフランコはファランへ党による全体主義体制を整えた。

スペインは再び地主、軍人、大資本、教会の支配する国となった。イギリス、アメリカなどは、ソ連と対立していて人民戦線政府を支持しようとはせず、ファシズム勢力の勝利をも黙認し、第二次世界大戦への流れをこの時点で阻止することはできなかった。

スペインの内乱が展開されている時期に、ドイツの侵略的態度が強まった。一九三八年には、オーストリアを併合、チェコスロバキアに対してはズデーテン地方の割譲を要求した。

そこで一九三八年九月、イギリス首相ネビル・チェンバレンおよびフランス首相ダラディエは、ヒトラー、ムッソリーニとミュンヘン会談を行い、ヒトラーと妥協してドイツの要求を認めた。

一九三九年、ドイツはミュンヘン会談の協定を破って、チェコスロバキアを解体し、自己の支配下に置いた。ソ連は、イギリスやフランスがドイツの侵略をソ連に向けさせようとしていると判断した。

スペインの内乱のころ、私の父は「あのころから戦争は始まっていたように思う」と言っていた。こうしたドイツに対する宥和政策は、ますますドイツの侵略を増長することになった。

ヒトラーは、「われわれのとるべき戦術的策謀は反ボルシェヴィズムである」

と語った。反ソ連の立場がドイツの侵略を有利にできると確信したのである。ゲルマン民族の農民を東ヨーロッパに大量に移住させ、ゲルマン民族のための広大な支配地を拡大するために、ソ連とポーランドとバルト諸国を支配下に置くという構想が、第三帝国の基本的な戦争目的であった。

一九三九年九月一日、ドイツはポーランドに侵入した。ここに第二次世界大戦が開始された。同年の五月十一日に、ノモンハンで日ソ両軍の衝突（ノモンハン事件）があったわけであるから、ソ連からみれば、まず日本の攻撃を受け、ポーランドからドイツの攻撃がソ連に向かってくると判断された。

一九四一年六月二十二日、ドイツ軍はソ連へ侵攻し、独ソ戦が開始された。しかし、一九四三年二月、ドイツ軍はスターリングラードで降伏となり、これを機としてソ連軍は反撃に移り、一九四四年の夏ごろにはポーランド、ルーマニアに至る地域を奪回した。

このスターリングラードにおけるナチス・ドイツの敗北は、第二次世界大戦全体の戦局を大きく転換させた。ドイツの支配に対して各地で抵抗（レジスタンス）運動が激化したのである。

一九四三年七月には、連合軍はシチリア島に上陸した。これを機としてイタリアではムッソリーニが失脚する結果となった。一九四五年にヒトラーは自殺、五月にはベルリンが陥落し、ドイツは無条件降伏して、ここにヨーロッパの戦乱は終結した。

東アジアでは、一九三一年九月十八日の柳条湖事件（満州事変）は、いわゆる「十五年戦争」の口火となり、日本は中国侵略を強化していった。そこで一九三六年の西安事件後、中国では国民党と共産党は内戦を転換させて、抗日戦争へ進むことで妥協することになった。

一九三七年七月七日の盧溝橋《ろこうきょう》事件後、日本は中国侵略に軍事力の多くを投入し続けていった。抗日民族統一戦線に対して、「天皇制ファシズム」といわれるような政治体制で対応していった。一九三七年十二月～一九三八年二月にかけては、南京大虐殺を推進した。

日本軍は泥沼化した中国戦線打開のため、ゴム、鉄鉱石などの資源を獲得すべくマレー半島に上陸する。真珠湾攻撃より一時間二十分も早くに、日本軍はマレー半島のコタバルに上陸している。シンガポールを日本が主張する大東亜共栄圏の中心とすることをねらっていた。

一九四一年（昭和十六年）十二月八日、日本はハワイの真珠湾にあるアメリカ軍基地を奇襲、いわゆる太平洋戦争を開始した。一九四五年（昭和二十年）三月十日、東京大空襲（一夜にして死者十万人以上）、同年四月一日、沖縄本島に米軍上陸、六月二十三日、日本軍守備隊全滅。死者の数は、当時の県民の約三分の一にあたる十五万人（当時の県人口約六十万人のうち四人に一人が戦死した）。

同年八月六日、アメリカは広島に原子爆弾を投下、八月九日には長崎にも投下した。八月十四日、御前会議でポツダム宣言受諾決定、日本の敗戦という結果になった。被爆直後から一九五〇年（昭和二十五年）までの五年間に、広島で約二十万人、長崎で約十四万人の死者が出たと推定されている。

一九四五年八月八日、ソ連はヤルタ協定にもとづいて参戦。鈴木貫太郎首相は「最後の瞬間が来た」と決意した。日本にとってソ連の参戦は社会革命→国体崩壊という流れが現実的になったと判断され、ポツダム宣言受諾の道しかないという方向に向かったのである。

こうして第二次世界大戦は、ファシズム体制をとった国家の敗北で終わった。イギリスのノーベル物理学賞を受賞したブラッケット博士は、「原爆投下は第二次世界大戦最後の軍事行動であったというよりは、むしろ目下進行しつつあるロシアとの冷たい外交戦争の最初の大作戦の一つであった」と判断した。事実、その後アメリカとソ連の対立は深まっていった。

日本の敗戦時に中国の戦場にいた日本軍は百十万人にのぼっており、日本は大軍を中国大陸に集中していた。アメリカにも敗北しているが、おもに中国で敗北したともいえる。そこで、日本の中国侵略をふりかえってみる。

一八九四年の甲午農民戦争は、朝鮮の封建的な身分による差別を撤廃させようとした民衆の大闘争で、朝鮮の民衆の民主化への運動の発芽に日本の帝国主義は干渉して、朝鮮の侵略へと向かう。そして日清戦争（一八九四〜一八九五年）により、朝鮮の植民地化へと向かった。

一九〇四年の日露戦争は、朝鮮、満州の支配をめぐる日露の帝国主義戦争であった。日本は、この戦争後、一九一〇年、韓国併合をし、満州への侵略に注目するようになっていく。

日清戦争後、帝国主義諸国の中国分割競争が激化していった。一九一四年に第一次世界大戦が始められると、日本は一九一五年に、中国に「対華二十一か条要求」（満州、モンゴリア、山東省を中心に広範な利権を要求）をした。ここに中国の民族闘争は、日本帝国主義にその主力を向けることになった。

一九一九年のパリ講和会議で、日本が山東省でドイツがもっていた権益を受け継いだことなどを不満とし、中国は条約に調印しなかった。山東省の利権の返還、二十一か条の要求の破棄などを中国は要求したが、日本によって無視された。

このような情勢の中で中国の民衆は反帝国主義、反封建をかかげ中国の内部革新の運動を進めた。帝国主義諸国が領土などをわけあったベルサイユの講和会議を、レーニンは「『略奪者』の会議」と名付けた。

中国の民衆はベルサイユ体制の在り方に不満を強め、ロシア革命へ呼応する運動を展開していった。これが一九一九年五月四日に始まった「五・四運動」である。その後一九二四年の第一次国共合作で、「連ソ、容共、扶助工農」（ソ連と結び、共産党と結び、労働者と農民をたすける）という方針が打ち出されていく。

一九三一年九月十八日の柳条湖事件→一九三六年の西安事件→第二次国共合作へ→一九三七年七月七日、盧溝橋事件（日中戦争開始）となり、日本軍は殺しつくし、焼きつくし、奪いつくすという「三光作戦」を展開したが、中国民衆の抗日運動に敗北することとなった。

中国国内では、国民党と共産党の対立が激しくなったが、中国共産党が、毛沢東の指導のもとに土地改革を行って勢力を拡大し、一九四九年十月一日、中華人民共和国の成立が宣言されることとなった。

中国には帝国主義諸国がさまざまな利権をもって、いわば中国を分割していたが、追い出される結果となった。中華人民共和国の成立は、その後のアジア、アフリカなどにおける民族解放運動に大きな影響を与えることになっていく。

第三話　核戦争も自然破壊もない世界を求めて
（マンハッタン計画から歴史をたどって）

「はじめに」

現在、人類は核戦争の危機、自然破壊の急速な進行によって絶滅の危機に直面している。このような状況をどのようにとらえたらよいのか自分なりに考え、そしてどのような方向に向かうべきかも考えてみた。

人類史の分岐点に生存している一人の人間として、人間社会がどのような方向をめざすべきかを考察すると、まず人類は自分自身が「いきもの」であることを再確認し、「いきもの」として他の生物と共存し、自然の中で生かされていることを再発見しなければならない。そして人間どうしの関係を再確認し、どうあるべきかを考えなければならないのではないだろうか。

「人類絶滅の危機に直面している現在、人類史を二分して考えてみる」

人類は現在まで、人間自身が生み出したものによって絶滅の危機を迎えたことはなかった。しかし現在は絶滅の危機に直面している。そこで現在のこの時代を分岐点として人類史を二分する。

核の時代の始まりより人類史はあらたな段階に到達した。人類の存在が持続可能か絶滅へ向かうのか。ジェノサイド（皆殺し）か共存共栄か。つまり、一部の国家が世界の富を独占し、強大な軍事力によって世界を支配しようとするのか。はたまた世界を共有し、平等で平和な社会を建設できるのか、その分岐点に到達したように思える。

核の時代の始まりは「マンハッタン計画」から出発した。アメリカの資本主義は、独占資本の支配する帝国主義政策を推進した。そして世界支配をめざし、軍事力の飛躍的増大、科学技術を悪用してマンハッタン計画の推進に至った。

その結果、原子爆弾の製造そして使用。広島、長崎に対する原爆投下という行為によって核の時代の幕は開かれた。

「マンハッタン計画」

マンハッタン計画とは、核兵器を作り出すためのアメリカの国家総力軍事戦略だ。アメリカの軍需産業を支える独占資本集団は、軍中核の軍事力拡大計画によって利益を得ようとして、世界最大の軍事国家の建設に積極的に協力した。

国家資金の投入によるこの計画は、軍にとって成果を実現しなければならないものであった。成果とは、原爆を製造し投下することだ。軍の責任をはたすには、製造し投下しないことには成果をみせられない。成果を証明してソ連にも見せつけ、世界最大の軍事力を行使できるアメリカであることを世界の民衆に認知させることは、アメリカにとって有益であると軍は判断した。

科学者、技術者は、原爆の製造、投下実験あっての科学技術力の成果の証明が必要であり、成功すれば賞賛と名声が得られるだろうと考えた。国家をあげて計画したからには成果を出さなければ、と政治家はこの計画の実現を推進する。ジェノサイドの道具はこうして世界に登場した。

ルーズベルト大統領は一九四一年十月九日（対日戦の二か月前）、原爆開発計画の強化を命じた。マンハッタン計画の指揮者はレスリー・グローブス准将、原爆の設計を受け持つ研究部門の責任者には、物理学者のロバート・オッペンハイマーが任命された。

一九四三年四月、ニューメキシコ州に原爆の設計と組み立てにあたるロスアラモス研究所が開設され、テネシー州オークリッジのウラン分離工場（広島型原爆）、ワシントン州ハンフォードのプルトニウム生産工場（長崎型原爆）も稼働し始めた。核の時代の始まりである。

この一九四三年（昭和十八年）四月に私は誕生したので、核の時代の始まりについて、また核の時代の人間の在り方について考えることに特別の関心を持っている。

「核兵器軍拡競争」

アメリカの核兵器を背景としたおどしにソ連は対応した。ソ連も核兵器開発に専念する。ここから人類は核軍拡競争の時代へと向かう。そしてこれまで何回も人類絶滅の危機に直面してきた。

核兵器の使用をちらつかせながら戦争は展開された。朝鮮戦争、ベトナム戦争、キューバ危機、中東戦争（エジプト、イスラエルの軍事衝突）、そして現在の核軍拡競争。現在も人類は絶滅の海に浮かんでいる。

そこで「未来のため」に考えてみる。人が真の人間愛に感動したとき世界が変わる。社会が変わる。歴史が変わる。人間の最も人間らしい力がわいてくる。人が人に感動したとき、人間の未来が開かれる。人類に未来が存在しうるのだ。真の人間愛は人間の連帯を可能にする。人間はあらたな歴史を作ることができるのだ。

核兵器を法的に禁止することに尽力した被爆者のサーロー節子さんの心を知っているだろうか。人間愛に燃える熱い心が人を動かすのだ。どんな困難にも解決への糸口はある。彼女は世界の大多数の人の心を動かしたのだ。人の心が動けば世界は変わる。世界の人々は残酷な世界を容認しない。理性と人間愛の回復に向かっているのだ。人間愛と真実追求の行動があれば、人類には未来がある。

この二つは車の両輪である。両輪があれば前進できる。一方が欠けたら空回りをする。人間が両輪を働かせれば、人類の生存と発展は可能なのだ。

この世界の主体はＡＩ（人工知能）ではない。機械ではない。人間が主体である。主権は人間にある。生命は宇宙でまれな存在なのだから。この貴重な生命が主体でなくて、何が主体だろうか。まれで貴重な生命こそ最も尊重されるべきものである。暗黒の宇宙の中で生命こそが光である。光のすばらしさを知るべきである。

きょう生かされている生命を大切に活用しよう。いま生きていることは、まれで貴重なことだから。いま、あなたには生命が与えられているのだから。反核運動は核兵器を法的に禁止しようというところまで高まっている。世界の民衆の運動はそこまで到達した。

「核兵器軍拡競争」に関するできごとを記しておく。

キューバ危機。一九六二年十月十六日から二十八日まで続いた米国とソ連の対決の〝危機の十三日間〟は、全面核戦争の危機を実感した時期である。カリブ海における米ソの対決場面をテレビニュースで見て、どうなることかと私たちは緊張した。

一九七三年の第四次中東戦争ではエジプトが勝利し、それをふまえて一九七八年にイスラエルと単独和平を結び（キャンプ・デービット合意）、シナイ半島を取り戻すが、これはパレスチナ人を見捨てるものとして反発を招き、エジプトのサダト大統領は一九八一年に暗殺される。エジプトとイスラエルとの戦争において、アメリカはイスラエルを、ソ連はエジプトを支持し、お互いに核の使用を考慮した。

「人類絶滅戦争の様相を出現させた第二次世界大戦への過程、進行を考えてみる」

第二次世界大戦への過程、あるいは第二次世界大戦の進行過程をみると、戦争相手の軍隊のみならず、住民そのものを絶滅させるという方式で推進されていった。無差別なジェノサイド（皆殺し）の方式だ。軍隊および軍事施設だけでなく、進軍する地域全域の破壊である。

ドイツ軍のゲルニカ爆撃からすでにその様相があらわれている。そして朝鮮戦争、ベトナム戦争へと絶滅型の戦争は継続し、核の使用を導入しようとする計画が進行するのである。まさに現在の戦争は核戦略の時代なのだ。人類絶滅戦争が現実の姿となっている。

ジェノサイド方式の戦争は、日本軍の中国への侵略においても実行された。重慶爆撃、七三一部隊などにみられる生物兵器、化学兵器の研究、使用など、そして南京大虐殺などの各地での虐殺。

一九一七年のロシア革命により労働者階級の政権が樹立された現実は、独占資本にとって資本主義体制の危機と認識された。そこで、この労働者階級の政権と労働運動の高まりと労働者階級の政権の広がりを弾圧しようとして、ファシズムの運動が展開されるようになる。

ソ連邦をつぶそうとして帝国主義諸国はソ連に軍隊を送りこむ。ソ連を敵視して攻撃しようとする戦略は続く。スペインの内戦においてフランコ将軍側をファシズム諸国が積極的に支持したのに対し、独占資本諸国はスペインの人民戦線政府を支持しなかった。ヒトラーの政策がソ連の崩壊につながることを期待して、ナチス・ドイツに妥協的な外交政策を展開した。このような政策で第二次世界大戦を阻止することができなかったのである。

ロシア革命の影響で高まった民族解放運動は、ベトナムでも強まった。帝国主義諸国の植民地における民族解放運動は、帝国主義諸国の軍事介入で弾圧が繰り返される。ベトナムではフランスに抵抗する独立運動が高まり、アメリカはフランスを支持して介入していく。そして独立後もアメリカのベトナムに対する介入は強まり、アメリカの独占資本の強い支持によるベトナム侵略へと進み、ジェノサイドの戦争となっていく。

ソ連のまわりにはアメリカの核兵器が配備され、いつでも攻撃できる体制を築く。一方、ソ連も「核には核を」とアメリカに対抗できる軍備を整えようとする。

このような歴史の中で一九六二年のキューバ危機となり、全面核戦争の危機に人類は直面したのだ。

ベトナム戦争では、アメリカはベトナムに労働者階級を中心とする政権が樹立されることを阻止しようとして、あらゆる手段を行使した。ジェノサイドという方式で。

核兵器の使用を行使する戦略もまたジェノサイドという方式である。現代の戦争はまさしくジェノサイドにみちている。

第二次世界大戦のさきがけとなったスペインの内戦からみてみよう。フランコ将軍の軍隊のクーデターは一九三六年二月十六日、総選挙で人民戦線が勝利したそのときから準備されていたものであって、軍部の指導者、貴族、右翼らが計画を練っていた。

フランコのモロッコから本土への上陸を成功させたものは、ナチス・ドイツとファシスト・イタリアの空軍、海軍の援助であった。大資本家、地主、軍部、教会などの反革命勢力は、共和国に対抗してその組織をかため始めた。ナチス・ドイツやファシスト・イタリアからの資金援助などもあって、大小のファシスト団体や右翼政党が成立し、アサーニャ政府に対する攻撃を始めた。

フランコは北方で勢力回復をはかり、バスク地方を攻撃した。四月、バスク地方のゲルニカ市はドイツ空軍によってさんたんたる爆撃を受けた。前述したように、画家ピカソは「ゲルニカ」をえがいてその非道を世界に訴えた。六月にはバスク地方の首都ビルバオがフランコ軍に占領された。

資本主義経済が独占段階に到達すると、すなわち帝国主義の時代になると、市場、植民地を求めて世界の分割が展開される。アフリカの分割、中近東、中国、太平洋などで分割競争が展開された。

そこで帝国主義諸国の間で帝国主義戦争が始まる。日露戦争、第一次世界大戦へと。しかし一九一七年にロシア革命が起きると、帝国主義戦争の継続は困難になった。ロシア革命の影響を受けて世界各地で労働運動、農民運動、民族解放運動、男女平等を求める動き、差別反対など人間の平等を求める動き、戦争に反対する動きが強まり、帝国主義戦争は継続できなくなった。

しかし一九二九年、世界恐慌の資本主義体制の危機に直面してファシズムの動きが強まると、急速に第二次世界大戦へと向かう。

第二次世界大戦の序幕となったのはスペインの内戦である。ヒトラーのドイツ、ムッソリーニのイタリアは、スペインの人民戦線内閣をつぶそうとするスペインのフランコ将軍を支持して軍事行動に出た。その過程でナチス・ドイツ軍はスペインのゲルニカに無差別の爆撃を繰り返した。ジェノサイドの攻撃である。ソ連が支持する人民戦線政府を敵視して、ファシズム勢力のフランコを積極的に支持した。

こうして一九三九年三月、フランコ側のファシズム勢力は勝利をおさめて、その行動は同年九月一日のドイツ軍のポーランド侵入の流れとなり、第二次世界大戦が展開された。

次にベトナム戦争に注目してみると、一九六一年一月二十日、アメリカのケネディ大統領は就任式にのぞんだ。その政権はベトナム介入を決定的なものにした。

「ニューフロンティア」政策の実験台として、強力な共産ゲリラが存在するベトナムに介入する道を選択した。

しかし、米軍事顧問の指導のもとに展開された特殊戦争政策も、南ベトナムの革命勢力の増大を抑えられなかった。

ベトナムにおけるジェノサイドの危機は、一九六二年のキューバ危機においても現実的問題となった。まさに現代の戦争はジェノサイドという形式で展開されるのだ。

現在、軍需産業は生物兵器、化学兵器、そしてＡＩ兵器の研究にも全力で取り組んでいる。これらの兵器は核兵器と同じようにジェノサイドという方式に向かう。よって戦争放棄という方式こそ人類を絶滅の危機から救う道である。

世界の民衆はベトナム戦争反対、核廃絶を求め続けた。全面核戦争を望まなかった。全面核戦争が起きなかったのではなく起こさせなかったのである。「真の核なき世界」を求め続けたのである。

そして、今現在も核なき世界を求め続けて行動している。「人間の人間自身による人間のための社会」を標榜し、人間の進化を求めているのである。

ベトナム戦争とキューバ危機は現代社会の在り方、現代文明の中核的課題を人類につきつけている。絶滅か共存共栄か。アメリカの独占資本が何を恐れてジェノサイド方式で軍事行動に出た（ベトナムの大地に猛毒の枯葉剤を飛行機から散布し続けたりした）のか。それは世界の民衆の蜂起を恐れたからである。

世界の人民はベトナム戦争に反対し、核兵器の使用に反対して抵抗運動に参加した。アメリカ国内でもベトナム反戦運動が展開された。これらの民衆運動に希望があり、光があり、人類の未来に共存共栄の可能なことを示している。民衆は平和な社会を求めているのである。

現代社会においては人間性の回復が必要だ。人間性を取り戻せということである。人間のロボット化が進行し、自ら人間がロボットになっている現状があるのではないだろうか。

ベトナム戦争後、戦争のロボット化が進行している。無人機による攻撃などが方式化している。そしてあたかも戦争ゲームをするように、戦場から遠く離れた所から電子機器を使用して、戦場における人間の痛みを感じることなしに、まさに戦争ゲームを楽しむごとく戦争を遂行する。

ベトナム戦争においてはアメリカ軍の軍人自身が、人間性の喪失に苦しみ自壊するという現実に直面した。軍隊そのものが戦争を遂行できないという状況である。

やはり人間は、自分自身で人間を絶滅することにたえられない。人類がここまで生存できたのは、助け合って生きることが必要であるということを知っていたからだ。経験してきたからだ。共存共栄あっての人類なのである。敵を作って兵器を独占し、敵を絶滅することは不可能である。

核兵器を独占し敵を絶滅するという核戦略も、結果は人類の絶滅である。平和共存こそ人類の回復しなければならない目標である。戦争に勝利することではなく、まさに戦争の放棄こそ人類の目標である。人類と自然の回復こそ人類の目標なのである。

そしてそれは可能である。生命体である人間は生きることを求めるから。

「人間がこれまで生存してきた過程を考察すると」

人間の生命は労働が支えている。人間は生物なのだ。何よりもまず生きものなのだと知るべきだ。

どのように生きているのか。食物を獲得して生きている。労働あって生命ありなのだ。労働して生命を持続する人がいて社会が成り立つ。人間社会があって人間社会の歴史が展開される。労働する人間こそ歴史の主体である。人間社会を形成する主体は労働する人間である。

労働して生活している過程で、人類は農業や牧畜を開始しだした。生産力は飛躍的に発展して、各地に文明社会が形成されていった。生活は以前より安定化してきたが、貧富の差が拡大するようにもなった。階級というものが成立する結果ともなったのである。

富める階級は貧しい人々を支配することを求めたので、いわゆる階級闘争が展開されるようになった。奴隷制社会から封建社会へ、そして資本主義社会へと社会は進化していき、貧富の差はさらに拡大していった。現在の労働者階級の多くが置かれている状況は、奴隷的賃金であるといえるのではないだろうか。そこで社会主義社会を求める思想や労働運動が活発化した。

一方、生産力の飛躍的拡大は続きはしたが、人間が自然環境を破壊する結果をももたらしている。

資本主義の本質的特性は、「貧困の蓄積の反対側に、資本の集中、富の蓄積、富の独占がある」という現実である。資本主義社会の中核に位置するアメリカにおいては、その特性はいちじるしい。貧富の格差是正が、アメリカの大統領を選び出す選挙戦でも前面に出ている。アメリカ社会における貧富の格差の拡大、これは社会問題となっている。ホームレスの増大、貧困の拡大は進行中である。

電子機器の利用により、コンピュータ通信技術の発展などを背景として便利さを追求して需要を作り出し、独占資本の市場拡大で資本主義を保持しようとする政策は、結果的には貧富の差の拡大をまねき、アメリカの民衆の生活を圧迫している。

「人間が自然環境を破壊するとは」

人間の生産活動は現在、地球の生命体の生存をはぐくんで存続させてきた母胎そのものを破壊するまでに変質してきた。地球の自然環境と共存するのではなく破壊しているのだ。それにより気候を変動させるまでになり、地球に住む諸生物の生命にまで危機が迫っている。

水も空気も大地も、本来は人類共有のものであり、他の生命体との共有物なのに、それを自己のものとして利用し利益を得ようとする生産活動がある。だが、この地球の自然環境を個人企業体の独占支配にまかせることはできない。いまや人類は地球人である。地球人にならなければ生存できない。国家、人種、民族を超えた世界市民として共存共栄、共生しなければならない時代になっている。

地球人、世界市民として共存しなければならない人類の直近の危機は、核戦争による人類の絶滅である。自然環境と人間社会の破壊である。いまわれわれはこの世界の全破壊の直前まで到達しているのである。ここで方向転換しよう。生存するために。

「核を廃絶して生きのびよう、生存しよう」

人類と核は共存できない。人間が制御できる対象ではなく、コントロールできないのだ。生命体を絶滅させる破壊力を持つものを製作してはいけない。

今や人類は地球人として地球市民として、人類の共生社会、共有社会をめざさなければならない。地球の生命体の危機である核戦争、核の冬をくい止めよう。核による人類絶滅の危機、地球の自然環境破壊の現実の危機に直面して、人類は生存しようとすれば共生社会、共有社会を追求しなければならない。現在、われわれは地球人として、そうする以外、生存できない状況になっているのではないだろうか。

そして、そのように認識する人が多くなっている。共生の芽は育ちつつあるのだ。芽は成長している。そのような時代でもあるのだ。

本来、人間は自然のままに生きようとする。生命を育てることによろこびを感じる。平和であってこそ生命は安定する。今こそ生存のための行動をとり、生命体が持続可能な生存条件を確保しよう。

「自然環境の破壊をくい止めよう」

温暖化の波は、世界の各地で大規模な森林火災を起こしている。その森林火災がまた地球温暖化の波を高めている。

オーストラリアの森林火災は過去最悪の規模に拡大しているという。延焼面積は日本の国土の約半分の規模にまで達している。気候変動がここまで深刻な事態を生み出しているのだ。

熱波は、この規模にまでわれわれの自然環境を破壊している。生活の仕方そのものを変革して、安全に平和に生きる道を作らなければならない段階に達しているのだ。自然環境を大切にした、自然と調和した共存共栄の生き方を追求しなければ生命体は生存できない。人間どうしの共存共栄と同時に、自然環境との共存共栄を実現しなければならないのである。

資本主義の大規模経営で、大量に農薬などを使用する輸出目的の大量生産は、大地を汚染し自然環境を傷つけている。そこで自給自足的で地産地消的な、家族経営的な農業が注目されつつある。農業も自然環境との調和、共存共栄が大切なのだ。

「核の時代のおろかさ、残酷さ、むなしさ」

核兵器を小型化して使いやすい兵器にしている。力を背景に人を支配しようとすれば力をふりかざすことになり、小型化した核兵器で人をおどす。常に使いたい欲求にかられる。いつかは使いたい兵器になるのだ。気にいらない人々に対して、国家に対して、民族に対して、核兵器を使用しようとしてかまえる。

核兵器の使用に対しては核兵器の使用をもって対抗する。「核には核を」である。小型化した使いやすい核兵器の使用は、大型化した核兵器の使用への道でもある。ジェノサイドの道、皆殺しへの道である。人類絶滅への道である。そんな残酷な結果を人類はまねいてよいのか。あまりにもおろかでむなしい。しかし、それが現実化しつつあるのだ。

この道を止めよう。核兵器を廃絶しよう。われわれは核兵器による絶滅を求めてはいない。地球市民として連帯し、平等な人間として地球を共有し、自然環境の破壊をくい止めて共存共栄をめざそう。核戦争も地球の自然環境の破壊もない、生命体の持続可能な平和な世界を建設しよう。

第四話　核時代の軍事行動と反核運動

私たちの青春時代は、ベトナム戦争に心を痛めた時代だった。

ベトナムの民衆の苦難の道は、帝国主義諸国の植民地時代から始まっていた。フランスの植民地支配、日本軍の侵入、そしてフランスの再侵略、アメリカの侵略と続く。日本軍の重税、米の徴収、米からジュート作付けに転換を強制されるなどして食糧不足となり、一九四五年には二百万人が餓死したといわれる。

しかし、日本の敗戦後の一九四五年九月二日にベトナム民主共和国独立宣言が成立し、ホー・チミンが大統領に就任した。ところが一九四六年にフランス軍がハノイを攻撃し、第一次ベトナム戦争が始まることになる。

ベトナムは日本軍の直接的支配からは解放された。いわば日本から独立したとも考えられよう。だがやがてアメリカがやって来る。アメリカは一九五〇年以来、サイゴン（現在のホーチミン市）に軍事顧問団を派遣し、ベトナム南部からベトナム支配の足場を作ろうとした。一九五三年半ばごろからアメリカがフランス援助に乗り出した。

しかし一九五四年の「ディエンビエンフーの戦い」でフランス軍が敗北。同年、ジュネーブ会議で休戦協定が成立し、北緯十七度線でベトナムを分割、南にベトナム共和国を成立させた。北緯十七度線を境とする南北両ベトナムの分割と、二年後における統一選挙の実施についてのとりきめがなされた。

しかし協定成立後、南ベトナムではアメリカの強力な後押しを受けて反共軍事独裁政権が成立。統一選挙の実施をボイコットしたため、統一は実現できなかった。そして一九五五年十月二十六日、ゴ・ジン・ジェムが南ベトナム共和国成立を宣言して大統領に就任した。

アメリカの支持を受けて登場したゴ・ジン・ジェム政権は、統一選挙をボイコットし国内の反対派を弾圧した。しかしアメリカは民衆の反発に対応できないゴ・ジン・ジェム政権に見切りをつけ、アメリカ軍によるベトナム戦争へと介入の度合を強めていった。

一九六〇年十二月二十日に南ベトナム解放民族戦線結成となり、各地に生じていた反政府組織がグエン・フー・トを議長として結集されることになった。

南ベトナム民衆の強い抵抗にあい、アメリカは北ベトナムが解放戦線勢力を支援しているとして一九六五年二月七日、米海軍機が北ベトナムのドンホイを爆撃した。いわゆる「北爆」の開始である。しかしベトナム民衆の抵抗運動は強まるばかりであった。

一九六九年六月十日、解放戦線勢力は南ベトナム臨時革命政府の樹立を宣言することにこぎつけた。一九六一年から十年間続いた米軍の「枯葉作戦」は、ジャングルを枯死させただけではなく、ダイオキシンなどの毒物の混入によりベトナムに深い傷痕を残すことになった。アメリカは、核兵器以外のあらゆる兵器の実験場としてもベトナムを利用したといわれる。

アメリカは朝鮮戦争の勃発と同時にフランスを通じてバオ・ダイ政府に軍事援助を与え、アメリカの軍人を軍事顧問団として派遣してベトナム民主共和国打倒の戦いを援助し、インドシナ半島側からの中国圧迫を始めた。

インドシナでのフランスの敗北で、アメリカは一九五三年春から直接介入に乗り出した。共産主義と民族解放運動をつぶそうとして武力行使を強く推進した。核兵器の使用をほのめかし、核によるおどしをかけながら、アメリカ帝国主義によるベトナム戦争という色を強めていった。

しかし、どんなに圧力をかけてもベトナム民衆の心をとらえることができず、一九七三年一月二十七日、ベトナム和平協定が正式に調印され、一九七五年四月にはサイゴン陥落となり、ベトナム戦争は終結した。

核のおどしはききめがなかったということであろう。核大国がどんなにおどしても、自覚した民衆の団結のもとには敗北するという歴史的事実に注目してほしい。

朝鮮半島から第二次世界大戦後のアジアを見るとどうだろうか。『教養人の東洋史 下』（現代教養文庫５４８）に、三十八度線について次のような記述がある。

「アメリカはその極東戦略に従って朝鮮をその支配下に置こうとした。1945年8月11日、アメリカの国務・国防調整委員会は、日本軍の降伏の受け入れについて立案したが、このとき朝鮮にいる日本軍を、北緯38度線以南は米軍に、以北はソ連軍に降伏させるように決めた。それは日本軍が38度線以北が関東軍の指揮下に、以南が第17方面軍の指揮下に入っていたという理由にすぎなかった。カイロ・ヤルタ・ポツダムなどの会議でも朝鮮は独立することになっていたのであって、分断されることになってはいなかったのである。

このように日本軍の武装解除作業の分担線だった38度線を二つの世界の境界にしたのがアメリカの極東戦略である。9月7日、朝鮮に進駐したアメリカ軍は『米軍の総司令部布告第一号』で38度線以南に軍政を布いた。それはいかなる国際協定にもとづいていなかった。それは朝鮮民衆にとって思いもかけないことであった。民衆は解放後ただちに全朝鮮にわたって人民委員会をつくり、下から朝鮮人民共和国という独立朝鮮をつくりあげつつあった。北ではソ連の赤軍は軍政を布かず、朝鮮人民にたいし、『諸君たちがもとめた自由と解放は今やすべて諸君たちのものとなった』と告げ、朝鮮の政府についての干渉を避けた。10月18日には北朝鮮五道の人民委員会連合会議が開かれた。だが、南ではその同じ月に、米軍政府が各地の人民委員会への弾圧をはじめた。軍政府は旧日本の朝鮮総督府のしていたことをすべてひきついだ。旧地主、親日資本家は追放されずに米軍に利用された。

ワシントンから、アメリカのカイライとして李承晩が輸入された。朝鮮全土の土地取上げ機関であった東洋拓殖会社は、米軍が接収して厖大な土地は米軍の手に入った」

一九五〇年六月二十五日に始められた朝鮮戦争について、再びその記述を見てみよう。

「朝鮮戦争をどちらがはじめたかはストーンの『秘史朝鮮戦争』などによって、米韓側が最初の挑発を行ったことはほぼ確かと考えられるが、いっぽう北側も挑発後ただちに大反撃に出て、わずか三日目にソウルを占領し、そのまま怒濤のように南下をつづけた、その準備のよさをみれば、南の挑発を機会に全朝鮮の統一を計画していたことは考えられる。

いずれにせよ、この戦争はアメリカがその極東戦略からアジアの一角におこした熱い戦争であった。戦争は四つの段階に分かれる。第一段階は韓軍の敗走の時期。第二段階は9月15日の米軍の仁川上陸で形勢が逆転し、米韓軍が北上して中国との国境に迫るまで。第三段階は10月25日、中国人民志願軍が、凍結した鴨緑江を渡って朝鮮援助に参加し、形勢がふたたび逆転し、トルーマンが『朝鮮で原爆を使用する』とまで言った時期。第四段階は195

1年6月停戦会議の開始から2年間、38度線一帯で陣地戦がくりひろげられた時期。それは史上最大の戦争で、両軍の参加兵力は約570万、アメリカ陸軍の三分の一、空軍の五分の一、海軍部隊を総動員し、200億米ドルの軍事費と7300万トン以上の軍需品を消耗した。それにもかかわらず、アメリカのなしえたことは、朝鮮の南北統一を力ずくで阻止したにとどまった」

朝鮮戦争のとき、アメリカは多数のアメリカ軍人を日本に駐留させ、日本を根拠地として戦争を展開した。特に沖縄の基地は太平洋の戦略的要石（キーストーン）として、ベトナム戦争においても活用された。日本列島という不沈空母を支配しているアメリカは、実はアジアの民衆にとっては最大の現実的圧力団体にみえるのである。

ベトナム戦争中、ベトナムの民衆が「われわれは沖縄の米軍基地を攻撃する権利がある」と言ったことを私は思い出す。沖縄の民衆は第二次世界大戦中捨て石にされた。そして今現在も捨て石状態である。本州に住む一人の老人としては、申し訳なくてたまらない。「日本国よ、いいかげんにせんかいな」としかりたい気持ちである。

かつてアジアを侵略し多大な迷惑をかけ、アジアの民衆を苦しめた国が、かつての敵国アメリカとぐるになって、日本の基本法である憲法で軍事力を持たないことになっているのに、勝手に解釈して事実上、日米軍事同盟のもとに再びアジアの民衆を苦しめることはしてもらいたくない。

アメリカの政治家や軍人が「核使用の結果、沖縄が消えてもかまわない」と言っているのであるから、捨て石をこえて「絶滅したってかまわない」ではとても容認できるものではない。

歴史をたどると現在の姿がありありとみえてくるものである。トルーマンが朝鮮半島や中国方面で原爆を使用するぞとおどした時期に、世界の民衆は反核運動や戦争の終結を求め大きな民衆運動を展開した。平和な世界の建設を要求したのである。いつの時代も軍事が民事を圧迫するのである。だから「軍事よりも民事を！」である。民事とは民衆の生活の安全保障である。平和で安全な人間社会、人権を保障した、生存権を保障した安全保障という意味で「民事」ということばを使用した。

軍事のための軍事は国の破壊のもとである。軍隊は民衆を救わない。沖縄の民衆が経験したことである。日本の歴史が、私の両親たちが経験したばかりの歴史的事実である。

朝鮮戦争が開始された一九五〇年（昭和二十五年）に私は愛知県の岡崎市に住んでいて、トヨタ自動車の車体だけのトラックがよく道路を通過するのを見ていた。いわゆる「朝鮮特需」でトヨタ自動車は急成長した。日本経済は朝鮮戦争で戦後大きく成長したといわれるが、トヨタの発展は肌で感じたものである。

朝鮮戦争をえがいたアメリカ映画で、アメリカ兵が中国人民志願軍の兵士の死体を発見したとき、「チャイナ」と言っておどろいた場面をなぜかおぼえている。

次にキューバ危機のころを回想してみる。この危機で米ソの核戦争が始められるのかとはらはらしたのは、私が大学生であったころである。

ソ連がキューバに建設中の中距離核ミサイル基地がアメリカの空中偵察機に発見されたことから、アメリカがソ連に中距離ミサイルの撤去などを求め、一九六二年十月十六日から二十八日まで続いた米ソ対決（危機の十三日間）の、全面核戦争の瀬戸際に置かれた事件は今も目にうかぶ。アメリカの市民が核戦争に対応するためとして、シェルターを地下に設置したりしている姿がテレビニュースで報道されている場面をおぼえている。

結局、ソ連はキューバの基地解体に同意し、核弾頭もミサイルもソ連に戻され、危機は終息した。

朝鮮半島、中国方面に注目してみる。中国人民志願軍について、『教養人の東洋史 下』にこんな記述がある。

「中国はなぜ朝鮮に志願軍を送ったのであろうか。中国の指導者たちは、それはソ連が参加しないですむようにするためであったといっている。アメリカとソ連の軍隊が正面からたたかえば、確かに世界大戦の可能性があった。また、志願軍という形式は、アメリカと中国が正式の戦争状態になるのを避けさせた。これは、永く人類に感謝されるべき賢明な処置であったといえるのではなかろうか。（中略）朝鮮戦争では第一に、中国の民衆に、敵がアメリカ帝国主義であることを教えた。アメリカは朝鮮戦争がはじまるとすぐ台湾海峡にアメリカ海軍の主力である第七艦隊を出動させて、台湾を中国からきりはなし、その平和解放を不可能にさせた。このことで、朝鮮援助と抗米は、中国の民衆にとって一つのことになった」

この記述の部分に、氷結した鴨緑江をわたる中国人民志願軍の写真があったが、この部分は私にとってこんな見方があるのかと強く印象に残っている。

一九五〇年六月二十五日に朝鮮戦争は始められたが、六月二十七日には朝鮮出兵を命じ、台湾水域へ第七艦隊を派遣し、台湾を中立化すること、フィリピンにいるアメリカ軍の増強とフィリピンへの軍事援助、インドシナに対する軍事援助と軍事使節団の派遣を同時にトルーマン大統領は指令した。このようなアメリカのアジア政策の一環として、朝鮮戦争の目標が中国に置かれていることは明らかである。

最近の新聞にこんな記事があった。


「核戦略専門家ダニエル・エルズバーグ氏（90）が朝日新聞のインタビューに応じ、1958年の第2次台湾海峡危機をめぐり、米国が中国本土への核攻撃を真剣に検討していた様子を証言した。現在も続く核をめぐる危険な国際関係の在り方に強い不安を感じているという」

二〇二一年五月三十日の朝日新聞に「核使用『優秀な人が愚かな判断』戦略専門家、台湾巡る米中対立に警鐘」という見出しでダニエル・エルズバーグ氏の意見が記述されている。

同じく二〇二一年五月三十日にこんな記事があった（朝日新聞記者との一問一答）。

「アイゼンハワー大統領は第一次台湾海峡危機当時も、『あらゆる戦争は核戦争にならざるを得ない』と語っている。彼は核兵器を銃弾と同じように考えていた。ただ、アイゼンハワーは第2次台湾海峡危機では、初期段階は通常兵器で行うことを望み、米軍高官らは急いで初期段階は通常兵器を使う計画を立てた。とはいえ、アイゼンハワーを含め、会議の出席者全員が中国が金門島の主権の主張をとり下げなければ、核兵器を使わなければいけないと考えていた」

――米ソの核戦争に発展する可能性があったのか。

「今、当時を振り返れば、ソ連のフルシチョフ第1書記は『中国に全面的に味方してあらゆる兵器を使う』と公言していたが、実際にはそう行動する可能性は極めて低かったと思う。中国の毛沢東国家主席も、米国との武力衝突まで発展させる意図はなかった。しかし、キューバ危機では、フルシチョフもケネディ大統領もどちらも武力衝突を行う意思はなかったにもかかわらず、全面戦争に発展する間際にあった。米側は核の先制使用の結果、台湾や沖縄が消え去っても受け入れるつもりでいた」

とある。そもそも第二次台湾海峡危機とは何か。中国軍が一九五八年八月、台湾の金門島に砲撃を開始。米国は台湾への支持を表明して台湾海峡に米艦船を派遣し、中国軍による金門島の海上封鎖を妨害。中国軍は十月、砲撃中止の方針を示し、米軍との武力衝突は回避され、一か月以上にわたる危機は収束した。

二〇二一年八月現在、再び台湾海峡をめぐる問題。三十八度線をはさんだ南北の朝鮮半島の問題がアメリカの中国敵視政策の中心的位置をしめているのは、アメリカのアジア支配の中核は武力による中国支配であるということを物語っているのではないだろうか。

一九五四年一月、アメリカは核兵器による「大量報復」政策を表明し、三月一日、中部太平洋マーシャル諸島ビキニ環礁で水爆実験が行われた。

爆発させた水爆の放射性降下物（死の灰）により、周辺諸島住民と、ビキニ環礁西百六十キロメートルの海上でマグロ漁に従事していた静岡県焼津市の「第五福竜丸」が被災した。

アメリカは一九四六〜一九五八年、マーシャル諸島で六十七回の核実験を繰り返した。うちビキニ、エニウェトク両環礁での実験は一九五四年に六回あり、高知県のマグロ漁船など日本の船が延べ約千隻操業していたといわれる。

土佐清水市の谷脇寿和さん（八十六歳。二〇二一年現在）は、一九五四年三月一日、「第十三光栄丸」の上で「死の灰」を浴びた。当時十九歳。「甲板で作業中、海の向こうがぴかっと光った。稲妻と思った」と証言している。

前述の「第五福竜丸」無線長・久保山愛吉さんは、同年の一九五四年九月二十三日に死亡した。

同年三月のビキニ被災事件以後、原水爆禁止署名運動は日本から発して急速に世界にひろがっていった。一九五五年一月、世界平和評議会は「原子戦争準備反対の訴え」（ウィーン・アピール）を発し、その年の八月三日にはその署名は三千百五十八万三千百二十三人に達した。

私はそのころ海全体が放射能で汚染されているように感じ、空気中にも死の灰が拡散されているのではないかという思いにとらわれていた。近所の魚屋さんは魚が売れず大変苦労していた。

私は現在静岡県に住んでいるが、毎年三月一日には「三・一ビキニデー」として原水爆禁止運動が焼津市を会場として続けられているのを知っている。マーシャル諸島の代表も参加した大会に参加したこともある。久保山愛吉さんの遺言、「原水爆の犠牲は私を最後にしてほしい」という意志は、現在の核兵器禁止条約の意志そのものに思えてならない。

マーシャル諸島のアメリカの水爆実験の記録映像の中に、アメリカ兵が海で水泳を楽しんでいる場面があった。実験水域でだいじょうぶかなと思ったが、実はそういう人々の多くがのちに被曝していたことがわかり、がんなどに苦しんだという。被爆兵士が救済を求める活動をしている映像を見たことがある。

また、原子戦争を想定したアメリカ軍の訓練風景の中に、原子爆弾炸裂《さくれつ》後、塹《ざん》壕《ごう》の中にいた兵士が原子雲の方面に銃をかまえて進軍する場面があったが、びっくりした。放射能に汚染されている中に突き進むその姿を見たとき、アメリカ軍人すら実験材料にされていることを実感した。

核戦争に備えるということは実に非人道的なことであり、兵士すら戦争道具にされてしまう。まして核兵器を投下された地域の民衆は実験材料として利用され、調査対象となり、広島、長崎をみてもわかるように米軍はさまざまなデータを収集した。ジェノサイド（皆殺し）の核戦争には未来はない。

二〇二二年十一月十八日の朝日新聞の記事に、次のようなものがあった（オピニオン）。


核の正当化にあらがう、核といのちを考える、脅し合いの根底に放射線被害の影響、隠蔽し続けた米軍。ジェームズ・L・ノーランjrさん、一九六二年生まれ。米ウィリアムズ大教授（社会学）で研究分野は法と社会など。原爆開発の「マンハッタン計画に参加したジェームズ・F・ノーラン医師の孫」が次のように述べています。

――原爆では多くの人が亡くなり放射線の被害を受けました。

「祖父は原爆投下後の広島・長崎を訪れた最初の米国人グループの一員とし

て、破壊力や放射線の人体への影響を調べました。被爆者らが放射線の影響を受けていることを確認したのです。軍からは影響を軽視した言説をつくるようにとの圧力を受けていました。計画の軍トップだったレスリー・グローブスに、医師らは残留放射線があると報告していました。祖父らは広島・長崎の人々が亡くなっているのを目撃し、自分たちにも放射線による症状が起きていました。なのにグローブスは、残留放射線は全くなく急性放射線障害は最小限だと議会で発言しました」

――残留放射線について報告したのに軍が隠して、広島・長崎は安全だと宣言したのですね。

「その通りです。これは核時代の黎明期から続いているパターンなのです。広島・長崎への原爆投下前、米ニューメキシコ州のトリニティ・サイトで世界初の核実験が行われた時にも、医師らは放射性降下物の影響を心配し、周辺住民を避難させるよう進言していました。グローブスは避難によって原爆開発の秘密が漏れることのほうを心配していました。計画の医師らのトップだったスタッフォード・ウォレンは、核爆発後に兵士らが立ち入ると被曝すると警告したのに無視されました。戦後、マーシャル諸島で核実験を行う際にも医師らは警告しましたが、軍は軽視するか、無視したのです」

――医師らを利用した調査をしつつ、原爆使用を正当化するための活動をしたということですか。

「そう言ってもいいでしょう。グローブスは放射線の影響を軽視することに重要な役割を果たしました。そもそも45年9月に医師たちを日本に派遣する際に、『君たちには放射線がないことを証明してほしい』と言っています。調査団の軍の副責任者だったトーマス・ファレルも『放射線がないことを証明するために我々は日本に行くのだ』と語りました。軍は広島・長崎における残留放射線の被害はないことにしたかったのです」

――広島・長崎の放射線被害の過小評価につながっているように見えます。

「当時、放射線の知識は限られていたかもしれませんが、極めて危険だということは知っていたはずです。医師らは放射性物質は有害だと気づいていました。米国では戦前、時計の蛍光塗料に放射性物質のラジウムを使っていました。女性工員らが舌先でそれをなめて、筆で塗っていたのです。その後、多くの人ががんなどを発症しました。計画の拠点ロスアラモスでも放射線事故によって死者がでています」

――米国は核戦争に備え放射線の影響を調べていたことも明らかになっています。プルトニウムを注射する人体実験も行われていました。

「祖父の同僚の医師はプルトニウム注射に関わっていました。放射線の影響を詳しく知りたいとの思いから、動物実験、そして人体実験を重ねていったのです。全米各地の病院で末期のがん患者らに注射し、影響を調べました。どのぐらいで体外に排出されるのか知りたかったからです。インフォームド・コンセント（十分な説明と同意）なしにです。米政府の主導権で多くの医師が参加しました。祖父がなぜ関わらなかったのか。産婦人科医としての仕事が忙しかったからなのか、倫理観からなのか、わかりません」

――核兵器使用の脅威がかつてなく高まっています。

「冷戦期の米国と旧ソ連の対立からの流れがあります。抑止という形で核兵器を増強する。相手の使用を防ぐのに十分なだけ自分も持とうという考え方です。背景には核兵器についての米国の公式的で支配的な見方があります。『原爆は戦争を終わらせるために必要で、米国人の命を救い、戦争を早く終わらせ日本人も救った』というものです。原爆を使わなければ日本は降伏しなかっただろうという立場です」

――こうした見方には批判もありました。

「戦後まもなく、米国人ジャーナリストのノーマン・カズンズやジョン・ハーシーらが唱えました。米国にも放射線の影響などを重視して、原爆の使用に対抗する考え方はあったのです。しかし、米国では核兵器に否定的な見方は広がりませんでした。重要な文書として47年2月にハーバース誌が掲載しました、元陸軍長官ヘンリー・スティムソンの論文『原爆使用の決定』がありま す。広島・長崎への原爆使用の理由について説得力がある論文だとされていましたが、放射線については言及していません。放射線は人体に長期的な悪影響を及ぼし、原爆をほかとは違う特別な兵器たらしめます。米国では論文の考え方が支配的となりました。それによって冷戦期の抑止論が生まれ、現在のロシアによる核使用の威嚇という状況につながっているのだと思います」

核時代の軍事行動をたどってみると、世界最強の軍事力で資本主義社会の存続のために世界支配をめざすアメリカ帝国主義は、独占資本と組んでマンハッタン計画を推進したことがわかる。こういう歴史的構造は現在も持続している。そうした状況が現在の核戦争の危機の中核にあるのではないだろうか。

第五話　核兵器禁止条約と人類の未来

私の祖父母が誕生したのは日清戦争の前夜のころである。一八九四年の日清戦争は、日本が朝鮮支配をねらって、朝鮮の封建社会を打倒しようとする朝鮮の民衆の甲午農民戦争をおさえて植民地支配を推進しようとするものであった。これが一九四五年の日本の敗戦まで続く戦争の連続の、そもそもの出発点のように思えてならない。日本のアジア侵略の歴史の出発点である。

朝鮮、中国への侵略の影は、いまだに日本の政治、経済、社会の動向に色濃く投影されているように感じる。歴史は継続しているのだ。いまだに「アジアを指導するのは日本だ」とか、「アジアの覇者は日本だ」とかいった意識を日本人は持っているような気がする。明治以来の悪習というか、歴史の実体を知らずにまちがった歴史像のもとに教育されているように思えてならない。

一方、核の時代のごまかしは、核保有国が「核戦争には勝者はいない」と言いながら核の強大化、核の使いやすさの技術力の向上をめざして競争しているのが実体であろう。核戦争の危機に直面しやすくなっている現在こそ、核廃絶を実現するべきだと私は思うのだ。

十九世紀末から二十世紀初めにかけて、資本主義は独占的段階に到達した。すなわち帝国主義へと移行した。そして二十世紀には次々と帝国主義戦争が引き起こされる。日露戦争、第一次世界大戦、第二次世界大戦へと、戦争はジェノサイド（皆殺し）の様相を深めていく。二十世紀は「戦争の世紀」であったという印象が強い。

資本主義は独占をさらに拡大し、いまや多国籍企業という独占体が地球的規模で世界市場の支配をめざしている。そして資本主義の本質的特性である「貧困の蓄積の反対側に資本の集中、富の蓄積、富の独占がある」状況になっている。そして「自然の破壊」と「ジェノサイド」の危機に直面している。

十九世紀には、人間は「神の子」ではなく「自然の子」という認識を強めて自然科学を飛躍的に発展させてきたが、その自然科学の発展が悪用されて核の時代に突入し、人類絶滅の危機に直面している。人類はまさに共生か絶滅かの選択を迫られている。

私たちはやはり「生存」を求める。おろかな絶滅への道は拒否したい。共存共栄の人間の生命を尊重する、平和で平等な地球共有社会を実現させたい。世界市民、地球人の一員として。

ここで私が誕生した時代、一九四三年四月、すなわち核の時代の始まりのころの国際情勢をみてみたい。

一九四二年八月、ドイツ軍、スターリングラード侵入、ソ連軍死守。八月十三日、マンハッタン計画着手。十一月十九日、ソ連軍、スターリングラードで反撃開始。一九四三年一月三十一日〜二月二日、スターリングラード攻防戦終わる。ドイツ軍（パウルス指揮）投降。同年四月、ニューメキシコ州に原爆の設計と組み立てにあたるロスアラモス研究所が開設され、テネシー州オークリッジのウラン分離工場（広島型原爆）、ワシントン州ハンフォードのプルトニウム生産工場

（長崎型原爆）も稼働し始めた。アメリカは実際に原爆製造の行動をすみやかに開始した。ソ連軍の行動を強く意識して行動している。

一九四四年一月、ソ連軍、ポーランド国境突破。同年六月六日、連合軍ノルマンディー上陸作戦開始。

ソ連軍のナチス・ドイツ単独占領をさけようとしてアメリカは行動しているように思われる。資本主義国の王者として、アメリカは社会主義国ソ連に常に対抗しようとして軍事行動に出たのではないか。第二次世界大戦後のいわゆる「冷戦時代」はすでに始まっていたように思われる。

原爆製造への歴史的過程をみてみると、アメリカはソ連に対抗しようとしてすばやく行動している。アメリカ国家の総力を結集して、国家事業として原爆の研究、製造に向かったにちがいない。

今現在（二〇二〇年四月現在）、世界ではコロナウイルスの大流行で共通の危機に直面している。今や人類は地球人として、世界市民として共存共栄、地球共有を目標にして、生存をかけて連帯しなければならない時代ではないだろうか。人類は生存か絶滅かの危機に常に直面しているように思われる。

二十世紀の歴史をふりかえってみると、資本主義の独占段階に到達した帝国主義諸国が、富の独占、占有をめざして世界を分割し植民地化した。それに世界の民衆が抵抗し戦った。植民地支配は崩壊へと向かったが、なおも経済的、軍事的、政治的に支配しようとして多国籍企業の活動が展開されている。富の独占、占有は戦争と手をつないでいる。そして人類絶滅への危機をともなっている。

繰り返すが、今やわれわれは平和共存、平等互恵、共存共栄をめざして、地球人として地球の共有をはかり、お互いを平等な人間として尊重する社会をめざさなければならないのではないだろうか。

世界恐慌の足音を感じる現在の世界情勢をみると、一九二九年の世界恐慌の時代と同じような状況となっている。多数の失業者、生存の不安を感じながら生活している人々の存在、まさに資本主義の危機的状況がある。

ファシズム的政治行動が目立つこのごろ、第二次世界大戦へ向かった時代を思い出す。一九二九年の世界恐慌、資本主義体制の危機的状況↓ファシズムの台頭↓ブロック経済化の強化↓軍備拡大、軍需産業の生産拡大↓第二次世界大戦へ……といった歴史の流れを思い出すのである。戦争というビジネスによって資本主義を維持しようとして、まさに「死の商人」が活躍した時代との共通性を現在の世界にもみるのだ。

だからこそ「戦争の放棄」をめざし「核の放棄」をめざし、人類の共存共栄、地球の共有、平和共存、平等互恵をめざして世界の民衆が連帯することを願うのである。

現代において人類の生存を可能とするには、まず核兵器の完全廃止が必要だ。核をなきものとすることである。

二〇一七年のノーベル平和賞受賞式で、被爆者のサーロー節子さんは核兵器禁止条約の成立を待望してきたことを述べ、「これを核兵器の終わりの始まりにしましょう」と世界に呼びかけた。そして「核兵器は必要悪ではなく、絶対悪です」と、人道から大きくはずれたこの道具の存在を否定した。そこには人間愛と人間理性の光が輝いている。

人類は核兵器禁止条約から戦争禁止条約へと、理性の光を発展させてもよい時代にいるのではないだろうか。活用すべき法律は日本国憲法第九条の「戦争の放棄」であるように思う。

核の時代の現在、人類絶滅の危機を感じて思うのは、もし人類が全面核戦争で絶滅したら、人間というのは、なんとおろかな生物なんだろうとつくづく思うだろうということだ。みずから作り出したもので自滅するとは。巻き添えに他の生物も絶滅させて。

この地球だって永遠ではない。いずれ滅する存在だ。人類も自然も地球とともに滅する存在だ。限られた時間の存在なのだ。限られた時間の生命体をありがたく大切に大切に生きないで自滅するとは、あまりにも悲しすぎる。

しかし私は希望を持っている。人類は生きることを選択するだろうと。生きることによろこびを感じるだろうと。

著者プロフィール

竹内 迪男（たけうち みちお）

1943年4月生まれ
愛知県岡崎市出身
静岡県磐田市在住

核兵器の誕生のころに誕生したある人の回想物語
（なぜあの時代に核兵器を誕生させたのだろうか）

2024年9月15日　初版第1刷発行

著　者　竹内 迪男
発行者　瓜谷 綱延
発行所　株式会社文芸社
〒160-0022　東京都新宿区新宿1－10－1
電話　03-5369-3060（代表）
03-5369-2299（販売）

印刷所　株式会社エーヴィスシステムズ

ISBN978-4-286-25676-4